Journals For Everyone

Recipe

Prep Time _____

Cook Time _____

Serves _____

Ingredients

_____
_____
_____
_____
_____
_____
_____
_____
_____
_____
_____
_____
_____
_____
_____
_____
_____

Instructions

_____
_____
_____
_____
_____
_____
_____
_____
_____
_____
_____
_____
_____
_____
_____
_____
_____
_____
_____
_____
_____
_____
_____
_____
_____
_____
_____

Notes

Recipe _____

Prep Time _____

Cook Time _____

Serves _____

Ingredients

_____
_____
_____
_____
_____
_____
_____
_____
_____
_____
_____
_____
_____
_____
_____
_____

Instructions

_____
_____
_____
_____
_____
_____
_____
_____
_____
_____
_____
_____
_____
_____
_____
_____
_____
_____
_____
_____
_____
_____
_____
_____
_____
_____

Notes

Recipe

Prep Time _____

Cook Time _____

Serves _____

Ingredients

Instructions

Notes

Recipe _____

Prep Time _____

Cook Time _____

Serves _____

Ingredients

_____
_____
_____
_____
_____
_____
_____
_____
_____
_____
_____
_____
_____
_____

Instructions

_____
_____
_____
_____
_____
_____
_____
_____
_____
_____
_____
_____
_____
_____
_____
_____
_____
_____
_____
_____
_____
_____
_____
_____
_____

Notes

Recipe _____

Prep Time _____

Cook Time _____

Serves _____

Instructions

Ingredients

Notes

Recipe _____

Prep Time _____

Cook Time _____

Serves _____

Instructions

Ingredients

Notes

Recipe

Prep Time _____

Cook Time_____

Serves _____

Instructions

Ingredients

Notes

Recipe _____

Prep Time _____

Cook Time _____

Serves _____

Instructions

_____
_____
_____
_____
_____
_____
_____
_____
_____
_____
_____
_____
_____
_____
_____
_____
_____
_____
_____
_____
_____
_____
_____
_____
_____
_____
_____

Ingredients

_____
_____
_____
_____
_____
_____
_____
_____
_____
_____
_____
_____
_____
_____
_____
_____
_____

Notes

Recipe

Prep Time _____

Cook Time_____

Serves _____

Ingredients

Instructions

Notes

Recipe _____

Prep Time _____

Cook Time _____

Serves _____

Instructions

_____
_____
_____
_____
_____
_____
_____
_____
_____
_____
_____
_____
_____
_____
_____
_____
_____
_____
_____
_____
_____
_____
_____
_____
_____
_____
_____
_____

Ingredients

_____
_____
_____
_____
_____
_____
_____
_____
_____
_____
_____
_____
_____
_____
_____
_____
_____

Notes

Recipe

Prep Time _____

Cook Time _____

Serves _____

Ingredients

Instructions

Notes

Recipe _____

Prep Time _____

Cook Time _____

Serves _____

Instructions

Ingredients

Notes

Recipe

Prep Time _____

Cook Time_____

Serves _____

Ingredients

Instructions

Notes

Recipe _____

Prep Time _____

Cook Time _____

Serves _____

Instructions

Ingredients

Notes

Recipe

Prep Time _____

Cook Time_____

Serves _____

Ingredients

Instructions

Notes

Recipe

Prep Time _____

Cook Time_____

Serves _____

Ingredients

_____

_____

_____

_____

_____

_____

_____

_____

_____

_____

_____

_____

_____

_____

_____

_____

_____

_____

Instructions

_____

_____

_____

_____

_____

_____

_____

_____

_____

_____

_____

_____

_____

_____

_____

_____

_____

_____

_____

_____

_____

_____

_____

_____

_____

Notes

Recipe

Prep Time _____

Cook Time_____

Serves _____

Ingredients

Instructions

Notes

Recipe _____

Prep Time _____

Cook Time_____

Serves _____

Instructions

_____
_____
_____
_____
_____
_____
_____
_____
_____
_____
_____
_____
_____
_____
_____
_____
_____
_____
_____
_____
_____
_____
_____
_____
_____
_____

Ingredients

_____
_____
_____
_____
_____
_____
_____
_____
_____
_____
_____
_____
_____
_____
_____

Notes

Recipe

Prep Time _____

Cook Time_____

Serves _____

Ingredients

Instructions

Notes

Recipe _____

Prep Time _____

Cook Time _____

Serves _____

Instructions

Ingredients

Notes

Recipe

Prep Time _____

Cook Time _____

Serves _____

Ingredients

Instructions

Notes

Recipe _____

Prep Time _____

Cook Time _____

Serves _____

Instructions

Ingredients

Notes

Recipe

Prep Time _____

Cook Time_____

Serves _____

Instructions

Ingredients

Notes

Recipe _____

Prep Time _____

Cook Time _____

Serves _____

Instructions

Ingredients

Notes

Recipe

Prep Time _____

Cook Time _____

Serves _____

Instructions

Ingredients

Notes

Recipe

Prep Time _____

Cook Time_____

Serves _____

Instructions

Ingredients

Notes

Recipe

Prep Time _____

Cook Time _____

Serves _____

Instructions

Ingredients

Notes

Recipe _____

Prep Time _____

Cook Time _____

Serves _____

Ingredients

_____
_____
_____
_____
_____
_____
_____
_____
_____
_____
_____
_____
_____
_____
_____
_____
_____
_____
_____
_____

Instructions

_____
_____
_____
_____
_____
_____
_____
_____
_____
_____
_____
_____
_____
_____
_____
_____
_____
_____
_____
_____
_____
_____
_____
_____
_____
_____
_____

Notes

Recipe

Prep Time _____

Cook Time_____

Serves _____

Ingredients

Instructions

Notes

Recipe _____

Prep Time _____

Cook Time _____

Serves _____

Ingredients

_____

_____

_____

_____

_____

_____

_____

_____

_____

_____

_____

_____

_____

_____

_____

_____

_____

_____

_____

_____

Instructions

_____

_____

_____

_____

_____

_____

_____

_____

_____

_____

_____

_____

_____

_____

_____

_____

_____

_____

_____

_____

_____

_____

_____

_____

_____

_____

_____

_____

Notes

Recipe _____

Prep Time _____

Cook Time_____

Serves _____

Instructions

Ingredients

Notes

Recipe _____

Prep Time _____

Cook Time _____

Serves _____

Instructions

_____
_____
_____
_____
_____
_____
_____
_____
_____
_____
_____
_____
_____
_____
_____
_____
_____
_____
_____
_____
_____
_____
_____
_____
_____
_____
_____

Ingredients

_____
_____
_____
_____
_____
_____
_____
_____
_____
_____
_____
_____
_____
_____
_____
_____
_____
_____

Notes

Recipe _____

Prep Time _____

Cook Time _____

Serves _____

Ingredients

_____
_____
_____
_____
_____
_____
_____
_____
_____
_____
_____
_____
_____
_____
_____
_____
_____
_____
_____

Instructions

_____
_____
_____
_____
_____
_____
_____
_____
_____
_____
_____
_____
_____
_____
_____
_____
_____
_____
_____
_____
_____
_____
_____
_____
_____
_____

Notes

Recipe _____

Prep Time _____

Cook Time _____

Serves _____

Instructions

Ingredients

Notes

Recipe

Prep Time _____

Cook Time _____

Serves _____

Ingredients

Instructions

Notes

Recipe _____

Prep Time _____

Cook Time_____

Serves _____

Instructions

Ingredients

Notes

Recipe _____

Prep Time _____

Cook Time _____

Serves _____

Ingredients

_____
_____
_____
_____
_____
_____
_____
_____
_____
_____
_____
_____
_____
_____
_____
_____

Instructions

_____
_____
_____
_____
_____
_____
_____
_____
_____
_____
_____
_____
_____
_____
_____
_____
_____
_____
_____
_____
_____
_____
_____
_____
_____
_____
_____
_____

Notes

Recipe

Prep Time _____

Cook Time_____

Serves _____

Ingredients

_____
_____
_____
_____
_____
_____
_____
_____
_____
_____
_____
_____
_____
_____
_____
_____
_____
_____
_____
_____

Instructions

_____
_____
_____
_____
_____
_____
_____
_____
_____
_____
_____
_____
_____
_____
_____
_____
_____
_____
_____
_____
_____
_____
_____
_____
_____
_____
_____
_____
_____

Notes

Recipe

Prep Time _____

Cook Time _____

Serves _____

Ingredients

Instructions

Notes

Recipe

Prep Time _____

Cook Time_____

Serves _____

Ingredients

Instructions

Notes

Recipe

Prep Time _____

Cook Time _____

Serves _____

Ingredients

Instructions

Notes

Recipe _____

Prep Time _____

Cook Time _____

Serves _____

Ingredients

Instructions

Notes

Recipe _____

Prep Time _____

Cook Time_____

Serves _____

Instructions

Ingredients

Notes

Recipe _____

Prep Time _____

Cook Time_____

Serves _____

Instructions

Ingredients

Notes

Recipe

Prep Time _____

Cook Time _____

Serves _____

Ingredients

Instructions

Notes

Recipe _____

Prep Time _____

Cook Time_____

Serves _____

Ingredients

_____
_____
_____
_____
_____
_____
_____
_____
_____
_____
_____
_____
_____
_____

Instructions

_____
_____
_____
_____
_____
_____
_____
_____
_____
_____
_____
_____
_____
_____
_____
_____
_____
_____
_____
_____
_____
_____
_____
_____
_____

Notes

Recipe _____

Prep Time _____

Cook Time_____

Serves _____

Instructions

Ingredients

Notes

Recipe _____

Prep Time _____

Cook Time _____

Serves _____

Ingredients

_____
_____
_____
_____
_____
_____
_____
_____
_____
_____
_____
_____
_____
_____
_____
_____
_____
_____

Instructions

_____
_____
_____
_____
_____
_____
_____
_____
_____
_____
_____
_____
_____
_____
_____
_____
_____
_____
_____
_____
_____
_____
_____
_____
_____
_____

Notes

Recipe

Prep Time _____

Cook Time _____

Serves _____

Ingredients

Instructions

Notes

Recipe

Prep Time _____

Cook Time _____

Serves _____

Instructions

Ingredients

Notes

Recipe _____

Prep Time _____

Cook Time _____

Serves _____

Ingredients

_____
_____
_____
_____
_____
_____
_____
_____
_____
_____
_____
_____
_____
_____
_____
_____
_____

Instructions

_____
_____
_____
_____
_____
_____
_____
_____
_____
_____
_____
_____
_____
_____
_____
_____
_____
_____
_____
_____
_____
_____
_____
_____
_____

Notes

Recipe _____

Prep Time _____

Cook Time _____

Serves _____

Ingredients

_____
_____
_____
_____
_____
_____
_____
_____
_____
_____
_____
_____
_____
_____
_____
_____
_____
_____
_____

Instructions

_____
_____
_____
_____
_____
_____
_____
_____
_____
_____
_____
_____
_____
_____
_____
_____
_____
_____
_____
_____
_____
_____
_____
_____
_____
_____
_____
_____
_____

Notes

Recipe

Prep Time _____

Cook Time _____

Serves _____

Ingredients

Instructions

Notes

Recipe _____

Prep Time _____

Cook Time_____

Serves _____

Instructions

_____
_____
_____
_____
_____
_____
_____
_____
_____
_____
_____
_____
_____
_____
_____
_____
_____
_____
_____
_____
_____
_____
_____
_____
_____
_____
_____
_____
_____

Ingredients

_____
_____
_____
_____
_____
_____
_____
_____
_____
_____
_____
_____
_____
_____
_____
_____
_____
_____
_____

Notes

Recipe

Prep Time _____

Cook Time_____

Serves _____

Instructions

Ingredients

Notes

Recipe

Prep Time _____

Cook Time_____

Serves _____

Ingredients

Instructions

Notes

Recipe

Prep Time _____

Cook Time _____

Serves _____

Ingredients

Instructions

Notes

Recipe

Prep Time _____

Cook Time _____

Serves _____

Ingredients

Instructions

Notes

Recipe _____

Prep Time _____

Cook Time _____

Serves _____

Ingredients

_____
_____
_____
_____
_____
_____
_____
_____
_____
_____
_____
_____
_____
_____
_____
_____
_____
_____

Instructions

_____
_____
_____
_____
_____
_____
_____
_____
_____
_____
_____
_____
_____
_____
_____
_____
_____
_____
_____
_____
_____
_____
_____
_____
_____
_____
_____

Notes

Recipe

Prep Time _____

Cook Time_____

Serves _____

Ingredients

Instructions

Notes

Recipe

Prep Time _____

Cook Time _____

Serves _____

Ingredients

Instructions

Notes

Recipe _____

Prep Time _____

Cook Time _____

Serves _____

Ingredients

Instructions

Notes

Recipe _____

Prep Time _____

Cook Time _____

Serves _____

Instructions

Ingredients

Notes

Recipe

Prep Time _____

Cook Time _____

Serves _____

Ingredients

Instructions

Notes

Recipe

Prep Time _____

Cook Time_____

Serves _____

Instructions

Ingredients

Notes

Recipe

Prep Time _____

Cook Time _____

Serves _____

Ingredients

_____

_____

_____

_____

_____

_____

_____

_____

_____

_____

_____

_____

_____

_____

_____

_____

_____

Instructions

_____

_____

_____

_____

_____

_____

_____

_____

_____

_____

_____

_____

_____

_____

_____

_____

_____

_____

_____

_____

_____

_____

_____

_____

_____

_____

Notes

Recipe _____

Prep Time _____

Cook Time_____

Serves _____

Instructions

_____
_____
_____
_____
_____
_____
_____
_____
_____
_____
_____
_____
_____
_____
_____
_____
_____
_____
_____
_____
_____
_____
_____
_____
_____
_____

Ingredients

_____
_____
_____
_____
_____
_____
_____
_____
_____
_____
_____
_____
_____
_____
_____
_____
_____

Notes

Recipe _____

Prep Time _____

Cook Time _____

Serves _____

Ingredients

_____
_____
_____
_____
_____
_____
_____
_____
_____
_____
_____
_____
_____
_____
_____
_____
_____
_____
_____
_____

Instructions

_____
_____
_____
_____
_____
_____
_____
_____
_____
_____
_____
_____
_____
_____
_____
_____
_____
_____
_____
_____
_____
_____
_____
_____
_____
_____
_____
_____
_____

Notes

Recipe

Prep Time _____

Cook Time _____

Serves _____

Ingredients

Instructions

Notes

Recipe

Prep Time _____

Cook Time_____

Serves _____

Ingredients

Instructions

Notes

Recipe _____

Prep Time _____

Cook Time _____

Serves _____

Ingredients

Instructions

Notes

Recipe

Prep Time _____

Cook Time_____

Serves _____

Instructions

Ingredients

Notes

Recipe

Prep Time _____

Cook Time _____

Serves _____

Ingredients

Instructions

Notes

Recipe

Prep Time _____

Cook Time _____

Serves _____

Ingredients

Instructions

Notes

Recipe

Prep Time _____

Cook Time _____

Serves _____

Ingredients

Instructions

Notes

Recipe

Prep Time _____

Cook Time _____

Serves _____

Ingredients

Instructions

Notes

Recipe

Prep Time _____

Cook Time _____

Serves _____

Ingredients

Instructions

Notes

Recipe

Prep Time _____

Cook Time_____

Serves _____

Ingredients

Instructions

Notes

Recipe _____

Prep Time _____

Cook Time _____

Serves _____

Ingredients

_____
_____
_____
_____
_____
_____
_____
_____
_____
_____
_____
_____
_____
_____
_____
_____
_____
_____

Instructions

_____
_____
_____
_____
_____
_____
_____
_____
_____
_____
_____
_____
_____
_____
_____
_____
_____
_____
_____
_____
_____
_____
_____
_____
_____
_____
_____
_____
_____

Notes

Recipe _____

Prep Time _____

Cook Time _____

Serves _____

Instructions

Ingredients

Notes

Recipe

Prep Time _____

Cook Time _____

Serves _____

Ingredients

Instructions

Notes

Recipe

Prep Time _____

Cook Time _____

Serves _____

Ingredients

Instructions

Notes

Recipe

Prep Time _____

Cook Time_____

Serves _____

Ingredients

Instructions

Notes

Recipe _____

Prep Time _____

Cook Time _____

Serves _____

Ingredients

Instructions

Notes

Recipe _____

Prep Time _____

Cook Time _____

Serves _____

Instructions

Ingredients

Notes

Recipe

Prep Time _____

Cook Time _____

Serves _____

Ingredients

Instructions

Notes

Recipe

Prep Time _____

Cook Time _____

Serves _____

Instructions

Ingredients

Notes

Recipe

Prep Time _____

Cook Time _____

Serves _____

Ingredients

_____
_____
_____
_____
_____
_____
_____
_____
_____
_____
_____
_____
_____
_____
_____
_____
_____
_____

Instructions

_____
_____
_____
_____
_____
_____
_____
_____
_____
_____
_____
_____
_____
_____
_____
_____
_____
_____
_____
_____
_____
_____
_____
_____
_____
_____
_____
_____
_____

Notes

Recipe _____

Prep Time _____

Cook Time _____

Serves _____

Instructions

Ingredients

Notes

Recipe

Prep Time _____

Cook Time _____

Serves _____

Ingredients

Instructions

Notes

Recipe

Prep Time _____

Cook Time _____

Serves _____

Ingredients

Instructions

Notes

Recipe

Prep Time _____

Cook Time_____

Serves _____

Instructions

Ingredients

Notes

Recipe

Prep Time _____

Cook Time_____

Serves _____

Ingredients

Instructions

Notes

Recipe

Prep Time _____

Cook Time _____

Serves _____

Ingredients

Instructions

Notes

Recipe _____

Prep Time _____

Cook Time _____

Serves _____

Instructions

Ingredients

Notes

Recipe

Prep Time _____

Cook Time_____

Serves _____

Ingredients

Instructions

Notes

Recipe

Prep Time _____

Cook Time _____

Serves _____

Instructions

Ingredients

Notes

Recipe

Prep Time _____

Cook Time_____

Serves _____

Ingredients

Instructions

Notes

Recipe

Prep Time _____

Cook Time _____

Serves _____

Instructions

Ingredients

Notes

Recipe _____

Prep Time _____

Cook Time _____

Serves _____

Ingredients

_____
_____
_____
_____
_____
_____
_____
_____
_____
_____
_____
_____
_____
_____
_____
_____
_____

Instructions

_____
_____
_____
_____
_____
_____
_____
_____
_____
_____
_____
_____
_____
_____
_____
_____
_____
_____
_____
_____
_____
_____
_____
_____
_____
_____

Notes

Recipe _____

Prep Time _____

Cook Time _____

Serves _____

Ingredients

Instructions

Notes

Recipe

Prep Time _____

Cook Time _____

Serves _____

Instructions

Ingredients

Notes

Recipe

Prep Time _____

Cook Time _____

Serves _____

Ingredients

Instructions

Notes

Recipe

Prep Time _____

Cook Time _____

Serves _____

Ingredients

Instructions

Notes

Recipe _____

Prep Time _____

Cook Time _____

Serves _____

Instructions

Ingredients

Notes

Recipe

Prep Time _____

Cook Time _____

Serves _____

Instructions

Ingredients

Notes

Recipe

Prep Time _____

Cook Time_____

Serves _____

Ingredients

Instructions

Notes

Recipe

Prep Time _____

Cook Time_____

Serves _____

Ingredients

Instructions

Notes

Made in the USA
Las Vegas, NV
18 December 2021